Una HISTORIA *entre* DOS MUNDOS

(BELL´S WORLD III)

Una HISTORIA *entre* DOS MUNDOS

(BELL´S WORLD III)

María del Mar Bellver Martín

Liber Factory

© Obra: Una historia entre dos mundos

Primera edición: Septiembre, 2025

© Autor: María del Mar Bellver Martín

ISBN: 979-13-990349-9-8
Depósito Legal: M-19850-2025

Maquetación: Jesús Navarro Bravo
Diseño de cubierta: Daniel García-Alcaide Cabrera

Imágenes: María del Mar Bellver Martín

© Editado por LIBER FACTORY www.liberfactory.com

Gestión, promoción y distribución: Límbica Ediciones S.L.
C./ Puentelarra, 68, 2° A, 28031 Madrid. España.
Tlf: 0034 91 3117696 // Email: pedidos@limbicaediciones.es
www.visionnet-libros.com

Disponible en librerías físicas y online.

ÍNDICE

PRÓLOGO

Paso a paso,
prueba a prueba,
y luego, ¿qué?

Este breve poema plantea una pregunta esencial al final de un camino, especialmente si nos conduce a un cambio decisivo en nuestra vida. Pues en esta etapa de transición, "entre dos mundos", se sitúa la obra que Mar Bellver nos ofrece y que yo tengo el honor de prologar.

Conocí a Mar en el instituto Palas Atenea hace la friolera de treinta años. Durante mucho tiempo compartimos charlas terapéuticas en la sala de profesores o en la cafetería. A través de ellas supe de su afición por inventar historias desde bien pequeña y su fascinación por las palabras. Justamente ese interés por el léxico la llevó a embarcarse en un largo viaje, no siempre exento de contratiempos, que afortunadamente llegó a buen puerto con la lectura de su tesis: *Imagen sensorial de la palabra. Tesauro mimético y diccionario de la lengua inglesa*. La publicación de la tesis, sin embargo, no supuso el final de ese viaje. Pronto su carácter inquieto e innovador la llevó a emprender una nueva aventura literaria a la que denominó *El mundo de Bell*. La obra que nos ocupa es el tercer volumen de este proyecto. Los dos anteriores se llaman *Bell's world* y *Una vida rodante de cuentos.*

Un historia entre dos mundos es una obra miscelánea en la que Miss Bell demuestra su versatilidad artística engarzando de manera sutil relatos de diversa índole, poemas, fotografías y pinturas para que formen un todo. En los relatos tienen cabida tanto la realidad más cotidiana como la fantasía. A veces la realidad aparece en pequeños párrafos autobiográficos, escritos con franqueza y sencillez, que nos sirven de guía en el tiempo y en el espacio. A veces la realidad se funde con la ficción en fragmentos más elaborados en los que María del Mar adapta las palabras al contenido y juega a su antojo con la descripción, la narración y, sobre todo, con el diálogo para hacer lo que más le gusta: "Mezclar los colores, los sentidos, los personajes, los cuentos, los nombres, como ocurre en los sueños". Algunos de sus relatos como *Una dinosauria buena* o *La rebelión de los iconos* nos transmiten sus preocupaciones. Otros surgen de la contemplación de un cuadro como *La eterna espera*, basado en *El balandrito* de Joaquín Sorolla. Y en otros vemos la huella de poetas admirados como en *Una obra de arte* (Machado) o en *Botijo de agua fresca* (Bécquer). A lo largo de los relatos son muchos los temas que se suceden. Entre ellos destacan la añoranza de tiempos pasados, el anhelo de un mundo más humano, el vértigo ante la próxima jubilación o los problemas de la enseñanza. Ensambla anécdotas familiares contadas con ternura, rememora personajes que marcaron a los nacidos y crecidos en la segunda mitad del siglo XX como Pippi Calzaslargas o rescata del olvido expresiones como "El cine de las sábanas blancas". Comparte satisfacciones y decepciones en sus clases de inglés, nos confiesa sus dudas ante la nueva situación que se le avecina o simplemente nos cuenta una historia interesante.

Las fotografías, las pinturas y los poemas captan instantes bellos, que dan pie a Marimar a mostrar sus dotes de observación, su sensibilidad, su profundo amor por la naturaleza y su capacidad para convertir en arte cualquier material. Los poemas están escritos en español y en inglés. En ellos predominan las palabras bonitas, que apelan a los sentidos y nos transmiten emociones y sensaciones diversas. Algunas también están inspiradas en poetas admirados como Bécquer. En muchas ocasiones imagen y poema forman un todo. Sirva de ejemplo el texto *Y luego, ¿qué? / And then?*, en el que la fotografía de unas huellas de gaviota en la playa inspira el poema que da comienzo a este prólogo. Al inicio he incluido la versión española, veamos ahora la inglesa:

> Step by step,
> test by test
> and then?

Y llegados a este punto tan solo me resta animar a aquellos que estéis leyendo estas líneas a que agudicéis los sentidos, despejéis la mente y acompañéis a María del Mar, Marimar, Mar o Miss Bell, como ella juega a llamarse, en este viaje artístico entre dos mundos, escrito con "palabras de luz y de colores", lleno de dudas e incertidumbres, pero también de esperanza y de ilusión.

Victoria Ana Menéndez Cerón
Profesora de Lengua y Literatura

INTRODUCCIÓN

La tercera parte de Bell´s World se titula *Una historia entre dos mundos*. Trata de una época a caballo entre dos etapas, la vida laboral activa y el paso a la jubilación- momento que coincide cuando mis hijos ya son mayores y mi madre necesita más ayuda –los dos pilares más importantes en mi vida. Quiero dilatar en el tiempo este período de transición y convertirlo armónico con pensamientos y experiencias.

Como ocurre en la segunda parte de Bell´s World, *Una vida rodante de cuentos*, las ideas quedan ejemplificadas con relatos breves, cuentos, poemas, pinturas y fotografías.

Recuerdo mi infancia y juventud -etapas presentes durante todo el libro- y menciono un cuaderno de cuentos que comencé a escribir con siete años, caído en el olvido durante mucho tiempo en el cuarto trastero de la casa de mis padres.

Puede que algunos lectores se identifiquen con ciertos personajes de los que aparecen en los relatos y poemas de *Una historia entre dos mundos* y que su lectura les ayude a afrontar este momento de cambio en sus vidas. Este logro sería mi mayor satisfacción.

Me siento muy orgullosa de ser una dinosauria con experiencia y una moderna innovadora de la lengua inglesa. A veces pienso que mis escritos, poemas, cuentos, relatos, pinturas y fotografías puedan llegar a algunos lectores; pero si esto no fuera así, lo importante es que los que creemos aún en un mundo sensible seamos auténticos y continuemos juntos en este hermoso viaje rodante que nos brinda la vida.

Si no tuviera tanto trabajo, si no tuviera agudizada una capacidad especial de observar y escuchar lo que sucede en mi entorno, si todo me saliera bien a la primera, entonces no habría encontrado esos momentos de relajación para plasmar mis sentimientos, poemas y cuentos.

UNA DINOSAURIA EN LOS SIGLOS XX Y XXI

Soy una dinosauria, aún sin extinguir y por mucho tiempo, ya que las vías que recorren mi viaje se tropiezan con muchas curvas y muchos baches, demorando el final del trayecto. Este recorrido me está gustando y cuando supero una barrera, exhalo tal suspiro, que los que en ese momento se encuentran a mi lado se me quedan mirando extrañados.

En esta fase de mi vida, he descubierto que soy una dinosauria moderna, pues lo que ahora se "implanta" como novedoso, resulta que ya llevaba yo muchos años realizándolo, por ejemplo, el juego *wordle*, que actualmente está teniendo tanto impacto en la sociedad, lo empecé a practicar en la pizarra y en el aula con mis queridos alumnos del *Palas Atenea* hace ya más de treinta años. Se me ocurrió un día en clase, basándome en un programa que Ramoncín presentaba a finales de los 80 o principios de los 90 y en el *Mastermind*, un juego de mesa al que solía jugar de niña-era muy ingenioso porque había que adivinar una hilera de colores a través de distintas combinaciones.

Mi tema de investigación sobre el simbolismo fónico, recogido en mi tesis doctoral *Imagen sensorial de la palabra.*

Tesauro mimético y diccionario temático de la lengua inglesa (2016) y posteriormente, en el libro *Bell's World* (2018), se está utilizando mucho ahora en el arte, a través de la combinación de los sentidos y de la sinestesia para pintar, escribir, fotografiar e incluso en algunos libros de texto de inglés se introducen listas breves con estas palabras. No me gustaría que tanto trabajo realizado cayera en el olvido.

En el olvido en un cajón,
polvoriento apareció,
mi cuaderno-cuentos de la infancia.

Cuando mi padre falleció y tuvimos que remover todo para vender el piso, escondido entre otros libros, en un armario del trastero, se hallaba el cuaderno de la infancia. Lo estuve buscando años y años. Pensé que se había extraviado con la mudanza de la casa de la calle Mesena al piso de Santa Virgilia. Allí con sus páginas amarillentas viejas, esperaba a que fuera leído por alguien, por algún niño, quizá, de otra época. Mi padre desde el cielo me lo regalaba.

EL CUADERNO DESHOJADO

Un cuaderno medio deshojado apareció en un rincón polvoriento de una estantería. Mario lo cogió y lo abrió con mucho esmero. Era una recopilación de cuentos. El primero de todos se titulaba *El marinero y la gitana.* La caligrafía denotaba que lo había escrito alguien de corta edad.

Yo creo —pensó Mario— que la escritora debe ser una niña, por el título, diría yo y por los dibujitos que hay pintados cuando se termina una historia.

Mario empezó a leer el cuaderno después de una suculenta comida que se había zampado; pero no duró mucho, pues le entró tanto sueño que se tuvo que ir al "cine de las sábanas blancas", como su madre le decía. Se durmió y soñó.

En el puerto de la Bahía de Cádiz estaba anclado un buque de la Armada Española.

Jacinto, uno de los marineros del barco, bajaba la rampa silbando y canturreando:

Margarita se llama mi amor,
Margarita Rodríguez Garcés,
Una chica, chica, chica pum,
Del calibre ciento ochenta y tres.

Tenía la tarde libre. A lo lejos se oía un vocerío de muchedumbre. Jacinto se aproximó. En una tarima en el centro de la plaza, tres gitanas taconeaban al son de la guitarra. El público acompañaba el espectáculo con vítores y clamores. Jacinto se quedó prendado de la belleza de una de las bailarinas. Lola era una chica esbelta con ojos grandes y oscuros. Su pelo era del color de la obsidiana.

Cuando terminó el espectáculo, Jacinto se dirigió hacia ella.

—Disculpe, señorita, ¿me permite que la invite a una copa?

—Ni hablar. No piense usted que yo soy una de esas frescas que aceptan a la primera —contestó Lola.

Jacinto quedó aún más cautivado por ese comentario tan vehemente.

—No era mi intención molestarla, señorita. Yo, servidor, tan sólo quería disfrutar un poco más de su compañía. Pero...entiendo su contestación. Perdone mi atrevimiento. No obstante, si cambiara de opinión, le dejo una tarjeta con mis datos personales, por si le apeteciese verme otro día.

Lola se fue al camerino. Se desmaquilló y se cambió de ropa. Mientras caminaba hacia su casa, pensó en todos los hombres que habían pasado por su vida. Ninguno se había dirigido a ella tan gentilmente. Quizá el marinero era diferente a los otros.

Lola se tomó una valeriana antes de irse a la cama y se durmió.

El reloj dio las ocho de la mañana y Mario se despertó. Era increíble, pero se podía acordar perfectamente de todo lo que había soñado. Se arregló y desayunó contento, dispuesto a continuar leyendo los cuentos del cuaderno deshojado y polvoriento.

Retomó el cuento, *El marinero y la gitana*, que la noche anterior había empezado y se sorprendió. El argumento coincidía con el sueño que había tenido y siguió leyendo: "El marinero y la gitana al final se enamoraron y vivieron felices porque se dieron cuenta de que estaban hechos el uno para el otro".

Mario salió a comprar el periódico y una cajetilla de cigarros. Cuando volvía hacia su casa, se cruzó con Marujita, la vecina de abajo.

—Buenos días, Marujita. ¿Haciendo la compra?

—Como casi todos los días, Mario. Cuando no falta una cosa, falta otra. Y usted, ¿de vuelta a casa?

Mario se la quedó mirando fijamente. Nunca se había dado cuenta de esos ojos tan grandes y oscuros y de aquel pelo tan negro como el azabache. Despertó de su ensimismamiento.

—¿Me escucha? don Mario, ¿me escucha?"

—Sí, claro. Estaba pensando en si me dejaría invitarla a un café.

—Encantada estaría. Así, tenemos la oportunidad de conocernos más.

Así fue como Mario y Marujita se ennoviaron y luego se casaron, gracias a un cuaderno medio deshojado que apareció en un rincón polvoriento de una estantería.

***

Este cuento se lo llegué a leer a mi padre en su lecho de muerte y le gustó, especialmente la canción de Margarita.

***

Ya se han acabado las vacaciones y los veraneantes han regresado a su primera vivienda.

Da vértigo el volver a empezar la rutina, el trabajo, la convivencia y las clases. De niña, este vértigo que sentía se plasmaba en un sueño de un ascensor.

EL SUEÑO DEL ASCENSOR

Era un ascensor que nunca paraba en los pisos y salía, atravesando el tejado, por los aires. De más mayor, el ascensor recorría todos los pisos; pero no se paraba en el que yo quería. Hace dos días he vuelto a soñar con este tema pero no iba yo sola, como ocurría otras veces. Iba con mi madre. Ella se sentía insegura, apoyada contra los cristales y la llevaba hacia mí, por si perdía el equilibrio. El montacargas que "cargaba" con muchos veraneantes y sus equipajes subía hasta arriba, donde nos bajábamos todos en una azotea enorme y (…)

El claxon de un camión hizo que volviera a la realidad y dejara mis divagaciones mentales.

—Ana, ¿vas atenta? Te acaba de pitar un camión.

—Sí, mamá. Voy bien. Es que estaba soñando despierta o hablando conmigo misma, como suelo hacer.

—Pues eso es muy peligroso. Ya decía yo que ibas demasiado lenta conduciendo.

—Tienes razón. No lo volveré a hacer.

En ese momento me di cuenta de que mi madre seguía siendo la misma, queriendo proteger a sus hijas y a sus nietos.

Di gracias al Universo.

***

En mis 60 aún sigo trabajando, aunque creo que este estado de eterna trabajadora va a durar poco. Estoy ordenando y tirando trastos inservibles para dejar hueco a una nueva etapa. En Navidad aprovecharé a hacer limpieza de todo. Estoy preparando mi edad dorada. Podré hacer más "el loco", ya no tendré que dar explicaciones a nadie de lo que hago o dejo de hacer, ya no tendré ningún cargo en el trabajo, ni alumnos, ni padres, ni a nadie que me observe y controle. Ya no percibiré esa pasividad cómplice, muy al orden del día, entre colegas. Dispondré de más tiempo y de organizarme sin prisa alguna, a mi manera. Creo que me he ganado un descanso. Sé que algo nuevo se va a abrir ante mí. Han cambiado muchas situaciones en mi vida durante y después de la pandemia. Sé que vuelve a haber una luz ante mí, aunque a veces cuesta superar las adversidades.

***

Parece ser que el COVID no se va de nuestras vidas. De nuevo, se ha introducido en mi familia. A mi madre el sentido del olfato le ha desaparecido. A mí me va y me viene, como ráfagas de aire. Me siento floja, rara. He estado tres días sin ir a clase. Mañana ya me incorporo al trabajo.

Aunque quisiera descansar, no podría, especialmente por la carga horaria que llevo encima. Mañana hay un simulacro de la Conferencia de Global Classroom, que tendrá lugar en enero con otros institutos de la Comunidad de Madrid. Tenemos que seleccionar a los supuestos diez alumnos (cinco parejas) "mejores" de 3º de ESO (bilingüe). Además, el otro día me llamaron para ser la presidenta de un tribunal para el concurso de traslados de inglés. Eso pasa por ser catedrática. En vez de descansar y de ser un premio a tu carrera, es un "castigo", mucho más trabajo. Hay muchas colegas que se presentan voluntarias para este trabajo —hablo en femenino porque la mayoría somos mujeres en este gremio; pero, en mi caso, me han llamado sin solicitarlo.

Me acaba de comunicar la agencia que se encarga de organizar los viajes de inmersión lingüística que va a haber un cambio. Ahora vendrán las quejas, las complicaciones. Hay que llevar todo muy bien atado.

UNA DINOSAURIA BUENA

—María del Mar, Marimar, Mar, Miss Bell, como quieras que te llames, ¿por qué no lo dejas ya?

—No sé. Hay algo que me lo impide. Doy muchas razones. A cada persona le doy una distinta; pero, en realidad, me da miedo de dejar de depender del trabajo, a ser útil, los alumnos, mis hijos....

—Pero si tus alumnos ya te ven mayor, aburrida y tus hijos ya no te necesitan. Quien te necesita ahora es tu madre y tienes que dedicarte a la casa, a ordenar, a hacer comidas para tus hijos que llegan agotados de su trabajo y salidas con sus amigos —son jóvenes—, y a tirarte a la bartola, cuando puedas.

—Pero yo no quiero eso. Todavía puedo dar, crear, enseñar y mi madre es muy buena —no la metas en el paquete— Mi madre es preciosa y quiere que me divierta y sea feliz y mis hijos dicen que mejor trabaje a estar con ellos todo el día en casa.

—Que no. Que los alumnos pasan de ti. Siempre te has imaginado que a ellos les iba a encantar el simbolismo fónico, a tus compañeros y compañeras. Pero dime, ¿cuántos verdaderamente se han interesado? Es un rollo. Nadie lo entiende. ¿Cuántos libros has vendido? Dime. Hay que ser práctico en la vida.

—Muy pocos; pero es que no se los vendo a los alumnos, como hacen otros. Se los enseño. He regalado algunos en concursos que han hecho y lo he puesto en el aula virtual para que consulten el libro y sus palabras. He quedado con conocidos que me dicen que apenas tienen para vivir y me da pena, los regalo.

—Y tus hijos…..

—No te metas con ellos. Son buenos y naturales. No se disfrazan como otros.

—No te has hecho valer nunca y ¿quieres ahora?

—No entiendes. Soy una dinosauria buena y moderna.

***

Ya me encuentro mejor y no tengo Covid. Me incorporo, enciendo el ordenador y veo la infinidad de archivos que me ha enviado el subdirector de enseñanza secundaria para que me los vaya estudiando y se los explique a los distintos miembros del tribunal. Esto me va a dar experiencia para mi nueva etapa cuando organice talleres de escritura, de pintura, del simbolismo fónico, cuando encuentre un grupo de personas con verdadera vocación por aprender, porque en el instituto pocas personas lo aprecian. Me estoy preparando para esta nueva fase. Mientras estoy en este mundo y me dirijo al otro, voy a escribir y a pintar con palabras de luz y de colores, traspasando los límites de la realidad y jugar con la fantasía. En otro mundo puede que se comuniquen con nuestro subconsciente, cuando imaginamos, creamos o en sueños.

ENTRE DOS MUNDOS

—Atención, atención, El tren *chichipopó* llega a la estación de *Calor* una hora más tarde. Disculpen las molestias y la demora.

Bell que había estado esperando a su amiga de juegos, Ana, proveniente del territorio *Frío,* se desconcertó al oír la noticia por megafonía y se fue a su casa, pues quería seguir recogiendo el piso —su compañera se tenía que sentir lo más cómoda posible durante su estancia en este nuevo lugar.

A Ana le había costado mucho tomar esa decisión y al final, se pudo desprender, "desenganchar" de su pareja actual y, así, tener la posibilidad de conocer a su amiga Bell.

Por el camino, Bell cogió un ramito de hierbas y flores salvajes para dar la bienvenida a su amiga y lo colocó en un pequeño jarrón de cristal, que conservaba con mucha delicadeza, ya que había pertenecido a su abuela y quería que durase eternamente, al igual que los espíritus de los avatares.

Una vez que la casa estaba lista para acoger a su amiga del territorio *Frío*, Bell volvió a la estación. Su corazón palpitaba. Por fin, la iba a conocer de modo presencial.

En la estación, Bell recibió un audio de Ana, diciéndole que no podía llegar a su destino. Tenía que regresar a su casa.

Lo siento. Espero que lo entiendas. No puedo ir a *Calor* ahora. Tengo que solucionar varios asuntos en *Frío*, Cuento con la ayuda vuestra, de los avatares de Calor y de Toll, el gran maestro de *Templado*, que está entre los dos mundos.

Así pues, Ana marchó a *Templado.* Cuando Toll escuchó todas las inquietudes que Ana le transmitió, el Maestro recomendó que escribiera cuentos y poemas —todo lo que le pidiera el corazón— y que jugara con colores, como había hecho de niña. Esto la relajaría.

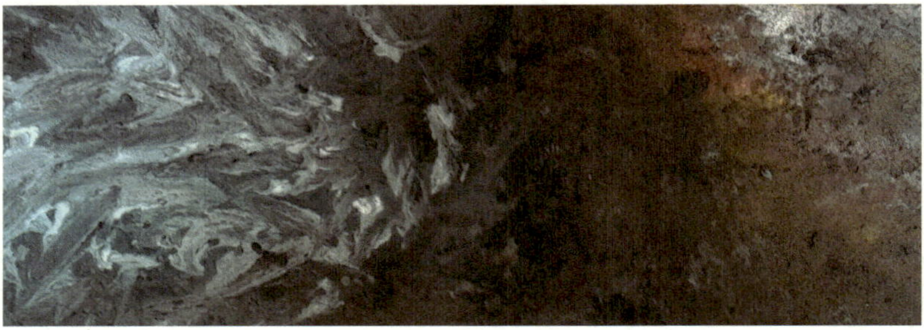

Frío y calor,
odio y amor,
amor y odio,
calor y frío.
Todo se diluye,
en UNO mismo.

Necesito ver una luz y me desahogo escribiendo un cuento:

LA LUZ

—¿Ves aquellas luces?

—No —le respondí.

—Tienes que creer en ti

—Pero, si no las puedo ver.

—Entonces, imagínatelas.

—No puedo. Estoy inmersa en una total oscuridad. Me hicieron mucho daño.

—La Ley Universal de Atracción dice que atraemos lo que está en nuestra mente. Si quieres vivir dentro de una mísera penumbra, allá tú, no saldrás nunca de ese agujero negro.

—Agujero negro. Ahí me gustaría estar, en el Leo I (...) ¿Cómo es que piensas así? ¿Por qué ves las cosas ahora con un prisma tan distinto? ¿Por qué tienes esa actitud tan positiva? Si antes, yo era la que veía todo de color de rosa y tú eras el que veías todo oscuro, sin salida. No entiendo nada. Si nunca me comprendiste y fuiste tú el que hizo que perdiera todo tipo de ilusión.

—Porque ahora puedo ver esas luces y antes no. Entonces estaba ciego. Siento de veras que te causara tanto dolor. En la Tierra todos estamos atrapados y aferrados a nuestro ser egocéntrico y ahora, desde otra dimensión, se ve todo de distinta manera, sin barreras, sin ataduras.

—¡Cómo hemos sido capaces de distorsionar todo! Nos enseñaron a ser los primeros, "yo y solamente yo" —luego, vienen los demás— y a saber utilizar un lenguaje falso, que disfraza nuestras intenciones más ocultas y manipula. Hay que seguir la ley del más fuerte, si no, eres "tonto". Voy a intentar ver esa luz que me dices.

Marta cerró los ojos una y otra vez. Se concentró. Pidió ver, aunque fuera una insignificante mota de brillo. Nada. Todo lo que le había dicho su ex-amado era falso. Las luces no existían.

Al día siguiente, salió de su rincón y se dirigió muy temprano a la playa. Se paró. Otras veces había andado cabizbaja y no se había percatado de nada. En el horizonte se asomaba una curva convexa anaranjada, que iba creciendo hasta convertirse en una bola que se iba despegando del agua para ascender al cielo. Un halo alrededor del sol relumbró en una perla que colgaba de su collar. Suspiró. Por fin, pudo ver la luz.

Amanecer en Guardamar del Segura.
Un halo alrededor del sol relumbró en una perla que colgaba de su collar.

***

Hoy he preparado una actividad para 4º de ESO y 2º de Bachillerato Optativa, algo parecido a lo que he estado trabajando con un grupo de escritura. He elegido tres palabras onomatopéyicas en inglés: *screeching*, *gusting* y *rattling*, sacadas de un texto de un libro que he leído *Chocolat* de Joanne Harris, (2019:170), donde se describe el mes de marzo:

A screeching blue between fast-moving clouds, a sharpening wind has risen during the night, gusting in corners, rattling windows.[1]

Los alumnos han tenido que escribir en grupos una historia breve donde esas tres palabras estén incluidas y luego toda la clase ha tenido que hacer una historia conjunta con ilustraciones.

Este tipo de actividades son las que me gustan, como las de fonética, en la que se escribe la transcripción y los alumnos tienen que adivinar por el sonido las palabras y las de teatro en inglés, que incluyo en mis clases, pues nunca sacan esta asignatura optativa, por más que la he solicitado.

---

[1] Harris, J. (2019:170). *Chocolat.* Penguin Random House:UK.

LA REBELIÓN DE LOS ICONOS

En el mundo laboral están desapareciendo diversos iconos. La razón principal es que los más populares no son precisamente los más necesarios en la vida.

Se van a abrir distintos protocolos en cada gremio para poder solucionar este problema. Las autoridades competentes están promoviendo esta noticia para hacerla llegar a todo el mundo. En el telediario de las 9 de la noche ha salido esta brevísima noticia:

Hoy estamos en el colegio *Paloma Blanca* y aquí estamos con el director del centro.

—Buenos días, don Patricio. ¿Qué medidas van a tomar en este colegio para evitar que se extingan algunos iconos tan relevantes en la sociedad como es el corazón, que según las estadísticas, es el menos utilizado?

—Estamos aún en la primera fase. He enviado un mensaje urgente a todo el personal de La Paloma Blanca, para que comprueben que en el archivo que adjunto hay iconos muy usados y otros, en cambio, apenas utilizados. Especialmente, el corazón es el icono que está a punto de desaparecer. Les he pedido a todos los miembros del colegio que reflexionen sobre lo que está ocurriendo.

—Muchas gracias por su intervención. Les deseamos que pronto encuentren la solución correcta.

Como era de esperar, esta medida no ha servido para nada, y se sigue la misma trayectoria: casi todos cumplen, hacen el trabajo según su horario y hasta la próxima. Ahora están sumergidos en un proyecto, que consiste en encontrar terminología nueva para la metodología, como son, estaciones y paisajes de aprendizaje.

Mientras tanto, los iconos del archivo adjunto han empezado a chatearse entre sí. Van a intentar buscar alguna salida para que ninguno de sus semejantes desaparezca y no les mareen tanto con asuntos tan irrelevantes. Dos de los más representativos de la comunidad escolar se han presentado voluntarios para ir a hablar con el Gran Maestro Toll y consultarle lo que está ocurriendo.

—Gran Maestro, los humanos están haciendo mal uso de nosotros y algunos compañeros están siendo afectados de tal manera, que al final van a desaparecer. Esta gente es tan inepta que no saben qué hacer y peor aún, pasan del tema.

—La única solución que se me ocurre es desestructurar todo lo estructurado, que cierren escuelas, hagan terapias individuales y colectivas y vean qué es lo que verdaderamente es importante en la vida: la generosidad y el amor- aconsejó Toll.

—Pero Gran Maestro. Esto sería un caos —ahora tal y como está planteada la sociedad. ¿De qué van a vivir?— preguntó el otro icono.

—Yo sé que a ti te cuesta dar este paso y dejar de ser popular entre tu colectivo —respondió Toll— pero no seas como los humanos y piensa en tu hermano corazón, que apenas se usa en La Paloma Blanca o como se llame. Desde aquí, veo que todos los colegios funcionan igual. En los demás gremios también ocurre lo mismo. Hay que desestructurar todo y vosotros, los iconos, vais a ser los que os vais a encargar de tal difícil empresa, ya que habéis venido hasta mí a pedirme que os asesore. Vosotros empezad por las escuelas y repartid el trabajo entre los demás iconos, para que se encarguen de los otros gremios.

Así, comenzó la rebelión de los iconos y, por ende, la de los humanos que creían en el amor.

MI VECINA

Esto es lo que ocurrió un día en la vida de una niña, de las de antes, de las que sentían curiosidad. Me encontré un cuaderno viejo, fuera de un contenedor de cartones y me atreví a leer una de sus hojas:

Solía jugar con mi vecina en la calle de la casa donde vivía, que aún estaba sin asfaltar. Un día vimos un montón de tierra. Al principio, pensamos que un conejo había sido el autor de tal minúscula colina. Fuera una madriguera o no, nos acercamos con sigilo para indagar más sobre ese montículo. La tierra estaba espesa y compacta. Tenía que ser otra cosa. Eso fue lo que pensamos.

Primero, empezamos a retirar granos de tierra con el dedo índice. Después, cuando íbamos cogiendo más confianza, nos atrevimos a allanar con la palma de la mano y al final, utilizamos el puño para ahondar en las profundidades de un hueco subterráneo.

Fui a mi casa y con la ayuda de un martillo cualquiera de la caja de herramientas de mi padre, quitamos alguna que otra piedra y al final, martilleé, sin querer, en la uña de mi vecina, que se puso morada —me refiero a la uña, no a la vecina—, pareciéndose, de esta manera, al traje del Nazareno de la iglesia del barrio, dispuesto a salir por Semana Santa. Supongo que luego se le caería.

Según nos íbamos acercando al "hallazgo", empezamos a sentir un sudor frío, pero agradable a la vez. Nos sentíamos arqueólogas. Continuamos. Transcurridos unos veinte minutos de excavación, se dejó entrever parte de un cristal embarrado. Antes de seguir con nuestro trabajo, nos echamos unas sonrisas traviesas.

Mi vecina sopló y se le metió tierra en los ojos. Esta vez no había sido yo. Fueron las prisas que le entraron, de saber qué es lo que podía ser. Allí, había una caja con unas llaves y una nota escrita, ya con tinta desteñida:

"Estas llaves sirven para desbloquear el corazón y el cerebro de aquellos que no saben utilizar ni los sentimientos ni la mente, ni la sensibilidad ni la lógica. Cuando se haya conseguido el desbloqueo, resurgirá la belleza y la armonía en el mundo."

Las llaves se las quedó mi vecina. Era mayor que yo. El tiempo pasó y ya no sé nada de ella.

Y LUEGO, ¿QUÉ?/ AND THEN?

Paso a paso,
prueba a prueba,
y luego, ¿qué?

Step by step,
test by test
and then?

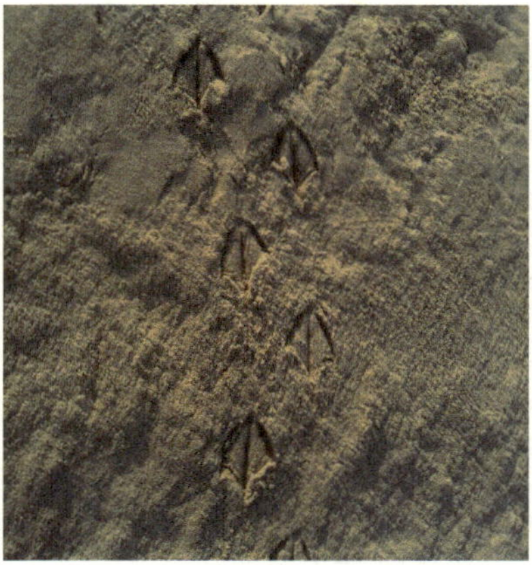

Huellas de gaviota en la playa de Guardamar del Segura.

Pues, luego a ordenar mi hogar, tirar trastos viejos, descansar, crear y jugar con la fantasía.

Me apetece mucho pasar sola tres días en San Rafael, sin dar cuentas a nadie, desconectar de Madrid. Llevarme allí todo lo que me queda por corregir; pero estar a mi aire, sin pensar. Lo que necesito es tranquilidad, fijarme en las pequeñas cosas, en los detalles, sentirme protegida por la Naturaleza.

SENTIR LO QUE SIENTO

Hoy es el primer domingo de primavera. Huelo el campo, escucho los pájaros, recuerdo el pasado bueno, llamo a mamá, veo a una pareja que van de la mano, a una madre mayor cogida a su hija, tomo un café caliente después del desayuno en la terraza de arriba, escucho a una amiga, preparo las tareas de la semana, leo un relato, escribo una historia sencilla.

Ya se fue el invierno y retorno mis paseos por El Retiro cuando voy a ver a mi madre.

UN ÁRBOL CON CARA DE SEÑOR MALO/ A WICKED-FACED TREE

En la pradera de la Casita del Pescador
hay un árbol con cara de señor malo
y sus ramas espantan cuando pisan el barro.

Las margaritas coquetas,
danzan airosas en la verde pradera.
El árbol se rinde, sus ramas reflejan
los brotes florales de primavera.

In El Retiro there is a wicked-faced tree,
with long branches and no leaves,
which frightens anyone whose dreams
are waiting for spring coming to breathe.

Árbol en la pradera de la Casita del Pescador en El Retiro

No me puedo desprender de mi pasado, de mis fases como madre y como profesora de antes. Me cuesta mucho romper y dar el paso. Puede que aún no quiera darlo. Llegará. Mientras tanto, continúo en esta etapa tan bella y decisiva.

ALGÚN DÍA

Luisito repasaba la lección de Arte con su madre. Hoy tocaba Diego de Velázquez

—Si tuvieras que elegir un cuadro para describir, ¿cuál sería? —Berta le preguntó.

—*Las Meninas* —el niño respondió— Siempre nos hablan de ese cuadro. Nos dicen que es la obra maestra de Velázquez. Tú, ¿cuál elegirías?

—*El Príncipe Baltasar Carlos a Caballo.*

—¿Por qué? ¿Es porque te gustan los caballos?

—No. Es porque me gustan los paisajes y, al fondo, se ve "La Maliciosa".

—La otra Miss nos contó que hay una leyenda que trata de una bruja malvada, que quería apropiarse de esa montaña y de un jardín precioso que había en la cima; pero como se enteró de que unos montañeros querían visitar ese maravilloso lugar, la bruja entró en cólera, quemó la cima y desapareció el vergel.

—¿Os lo contó en inglés?

—No, si nosotros sabemos más que ella.

—Lo del Programa Bilingüe, la vedad, es que cada vez me convence menos. Mira, Luis. Yo te voy a contar otra cosa distinta a esa leyenda y que me fascina. Cerca de La Maliciosa está La Bola del Mundo y casi llegando a la cumbre, en la cara este está El Ventisquero de la Condesa, donde nace el río Manzanares. ¿Sabes el recorrido de este río que pasa por Madrid y dónde desemboca?

—No, no nos enseñan eso.

—Pues el río Manzanares desemboca en El Jarama en Rivas-Madrid y es el afluente más importante del Tajo. ¿Te acuerdas de haber visto El Jarama?

—Sí, sí. Un día que fuimos de excursión y pasamos por San Fernando de Henares y también sé que hay una novela.

—*El Jarama* de Rafael Sánchez Ferlosio, Premio Nadal en 1955.

—No nos mandan libros tan antiguos, mamá, y muchos compañeros y padres se oponen a que los compremos, porque tenemos aulas tecnológicas.

—De literatura y de inglés ya hablamos en la próxima clase de repaso o, más bien, de aprendizaje sobre lo que no te enseñan. Ahora estamos con el recorrido de los ríos. ¿Dónde desemboca El Tajo?

—No sé.

—En el Océano Atlántico, en Lisboa. Supongo que sabes dónde está Lisboa.

—En Portugal. Recuerdo que un día nos lo escribiste cuando éramos pequeños y nos regalaste una carta donde explicaba todo en una cajita de madera.

—Sí. En una cajita que compré en Lisboa —una vez que fui con unas amigas. De regreso a Madrid en avión, me tocó un asiento al lado de la ventanilla, desde donde pude contemplar el recorrido del Tajo hasta que mi vista ya no pudo alcanzar más.

—Podríamos hacer ese viaje contigo algún día.

—Si. Algún día.

Estoy esperando a que llegue ese día. Antes, me encantaban los cumpleaños. Cuando era niña, mi hermana y yo celebrábamos los nuestros en el jardín de la calle Mesena. Mis padres colocaban una mesa grande y allí, junto al albaricoquero, nos lo pasábamos en grande con los bocadillos y sándwiches que mi madre preparaba. Aquello sí que eran bocadillos, no los que ponen ahora que, además de ser pequeños, no saben a nada.

En la facultad aprovechábamos ese día especial para mí para quedar, ya que coincidía con la finalización de los exámenes. Todos estábamos contentos. Me gastaba unos cuantos cuartos. Así, era la protagonista por un día, ya que no lo podía ser otras veces, por mi timidez.

Cuando llegaban los cumpleaños de mis hijos, les preparábamos una fiesta de títeres. Intentaba que fueran felices. Hasta que me acostumbré a no poder estar todo lo que deseaba con ellos por la separación. Él siempre pedía julio. Tuve que adaptarme. El mes de julio estaba sin ellos —los dos nacieron en ese mes. Dejé de celebrar los cumpleaños. Para sobrevivir, me apuntaba a todos los cursos que veía para profesores y a investigar para la tesis.

Una de las protagonistas que salía en las fiestas con títeres era la Vaca Paca, marioneta favorita de Javier. De pequeño, colocaba todas las marionetas en un estante encima de su cama. ¡Qué felices éramos!

EL CURIOSO CASO DE LA VACA PACA

Érase una vez una vaca un tanto peculiar, pues no le gustaba ni las praderas verdes ni tampoco estar con otras vacas colegas. Detestaba pastar, comer, rumiar y, que a nadie se le ocurriese ordeñarla, porque le lanzaba un maldito bramido que convertía al desfachatado humano en un horrible sapo.

Paca, que así era cómo la llamaban, vivía en un bloque muy raro, pues a los vecinos no les incomodaba que una vaca estuviera alojada en su comunidad, al igual que tampoco se preocupaban por ningún estropicio que pudiera haber en algún piso. Un día hasta se inundó una vivienda, se cayó la Paca y aplastó a un transeúnte que pasaba silbando por la calle y no hicieron caso alguno.

La época en que salía nuestra vaca era en Navidades, especialmente en Reyes y lo hacía por la tarde, después de la siesta. También salía dos días en julio, que coincidían con los cumpleaños de los niños. Le enloquecían las fiestas.

Se estrenó una vez en el colegio y muchos humanos —maestros, alumnos, amigos y padres — estaban ansiosos por verla. Habían anunciado por megafonía que ella iba a ser la estrella. Ya no eran ni la bruja, ni el ogro, ni el rey, ni la princesa, ni el calvo los protagonistas. Otras veces, la bruja había sido la reina de la escena; pero esta vez no pudo, pues se había ido en el puente de Halloween a tramitar un asunto al otro mundo. Quería entregar una solicitud para que la Muerte no estuviera presente durante muchos años en la vida de los niños, hasta que estos crecieran y ya no quisieran estar rodeados de ese mundo maravilloso.

La vaca Paca, mientras la bruja estuvo ausente, fue la elegida de entre todas las marionetas y estuvo saliendo en un teatro de guiñol, pintado por una tía que adoraba a sus sobrinos. Pintura que representaba unas butacas en frente del escenario y las dos máscaras de la tragedia y de la comedia. También había un telón, que se abría o se cerraba según los pases de los muñecos —sin faltar nunca el timbre de la campanita para dar comienzo la función— y en la parte de abajo de la madera pintada que había unas butacas de teatro representadas, se veía una tarta con dos velas —regalo de cumpleaños para el mayor de los hermanos.

Pasó el tiempo. La bruja ya no pudo impedir que la Muerte apareciera alguna que otra vez. Aquellos niños de entonces, ya hombres, no sabían dónde se hallaba la Vaca Paca.

—Muuuuu —se oyó detrás de una puerta— Muuuuu, muuuuu —cada vez se oía con más fuerza.

La vaca Paca ya estaba harta de estar en una caja guardada con las otras marionetas y de un brinco se dirigió al dormitorio del nuevo humano, recién llegado a la casa, para darle la bienvenida. Era un bebé que había nacido con un teléfono móvil en su interior y no podía descansar, porque el dispositivo estaba en modo vibración. Cada vez que le entraba un whatsapp, su diminuto cuerpo se agitaba.

—Esta es la nueva generación para la que voy a actuar. No sé si este niño hará caso a las marionetas o seguirá vibrando al son de los timbrazos de su móvil. Creo que me vuelvo a mi caja y seguiré durmiendo unos añitos más.—pensó la vaca.

***

Estoy en una fase en la que mezclo todo. Me gusta mezclar los colores, los sentidos, los personajes, los cuentos, los nombres, como ocurre en los sueños. Escribir es una manera de evadirte de la realidad para no sufrir e imaginarte historias mezcladas.

MACEDONIA DE NOMBRES

En un rincón gime una sombrilla. Había oído cantar a los niños y hablar de Mary Poppins y de su *umbrella* supercalifragilisticoespialidosamente.

A Sombrilla le entraron ganas de volar, de recorrer mundo. Ella podía servir tanto de sombrilla como de paraguas, según acompañara el tiempo. Pero ahí estaba, arrinconada, sin poder cumplir ninguna de sus funciones —ni proteger de la lluvia ni dar cobijo a su dama, para que los chubascos no le erizasen el pelo ni el sol le dañara su lindo rostro de porcelana. Para el primero de los roles, estaba su robusto hermano Paraguas —aunque este año poco se había podido lucir, con la mísera lluvia que apenas había caído— y para el segundo, estaba Pamela, un sombrero de ala ancha que se había comprado Diana, su dueña.

—¿Quién es Pamela? —preguntó Paraguas.

—Un sombrero enorme. Se llama así por Pamela Andrews, personaje ideado por Samuel Richards —respondió Sombrilla.

—Querrás decir Julie Andrews, en vez de Pamela.

—Noooo. Julie Andrews es la actriz que interpretaba a Mary Poppins.

—¡Vaya macedonia de nombres! —insinuó Paraguas— Es como ocurre con el mío, que significa: "para el agua" y el tuyo, que se refiere a mi hermanilla chica, porque da sombra.

—Y ¿qué me dices de nuestra ama, que se parece a Lady Di?

—Por cierto, desde la coronación de Carlos III, esta realeza está en un período crítico. No te metas con la monarquía británica.

—Sí, mejor llamarle sólo Carlos, porque como tuviéramos que decir todos sus nombres no acabaríamos nunca.

—Son sólo cuatro. No exageres. Carlos Felipe Arturo Jorge.

Los dos hermanos continuaron dialogando hasta que sonó el rugido del motor del coche de Diana que se aproximaba a la casa. Hubo un silencio antes de que se oyeran sus pisadas. La dama del sombrero grande abrió la puerta. Sabía que estaban televisando lo que estaba aconteciendo a la monarquía. Todos los ciudadanos estaban absortos, pendientes de estos momentos. Ella quería hacer honor a su nombre, pero no pudo. En la pantalla de su televisor había una película, que le traía recuerdos de su infancia. Sus nietos la llamaron para enseñarle cómo volaba Mary Poppins con una *umbrella,* un bolso grande y unas botas con los pies hacia fuera.

Y seguimos mezclando.

PUNTO DE FANTASÍA

Campanilla revoloteó entre los personajes invitados a la inauguración de la biblioteca *Punto de Fantasía,* cuyo tema de conversación estaba relacionado con el nombre del local y esto fue lo que la amiga de Peter Pan nos grabó.

—Pienso que la fantasía se encuentra en nuestra imaginación y depende todo de nuestro punto de vista. Llega a un punto —valga la redundancia— que te engancha y si no, que se lo hubieran preguntado a Úrsula Kroeber Le Guin, que fue fiel al género de ciencia ficción hasta el fin de sus días.

—No te creas que ese enganche sucede con todos. Algunos autores empezaron con leyendas y fantasía en su primera etapa y luego las apartaron para dedicarse en su última trayectoria a la reflexión y a la meditación, como le ocurrió a William Butler Yeats.

—Elemental, mi querido Watson. Esta reflexión tuya se contempla en su poema *A long-legged fly*.

***

Dos mellizos ratones traviesos no dejan de juguetear y de saborear un Kit-Kat. Han ido con, Mr. Jinks, que está hablando con Walt sobre su nuevo proyecto como escritor. Quiere combinar el cuento y la imagen. También se va a dedicar a la traducción en diferentes idiomas para que llegue a todos los públicos. Walt está congelado de frío. En cambio, Pixie y Dixie están sudando la gota gorda con sus correrías e incitando al gato a que les cace. A Mr. Yinks le sale un rugido:

—¿Dónde *eztán eztoz maldito roedoe?* —y se convierte en Simba.

***

Una niña con trenzas estiradas para arriba aparece montada en un caballo con lunares y con el señor Nilsson. A continuación, salen a escena dos hermanos, Tommy y Annika, que asienten con la cabeza. Deben de estar conversando sobre un tema muy polémico e intelectual, no propio, según los padres de aquella década, para unos niños de esa edad.

***

Unos galácticos hablan del lado luminoso de la justicia y del lado oscuro. Es como si hubieran salido de la *Guerra de las Galaxias*. Cuando se quedan pensativos, sacan unos sables de luz y se dirigen a Hoth, el planeta helado donde habita Walt para pedirle consejo.

***

—Hay que destruir a la Nada. —sobresale la voz de Atreyu entre un grupo de avatares, que salen un momento al exterior para mirar la estrella grande. Hay que estar al acecho de que no reaparezca una antigua amenaza.

—Y tú, ¿qué haces aquí? Tenías que estar con Bastian. —le reprende Jake Sully.

—Se ha quedado leyendo un libro en el colegio. —contesta Atreyu.

***

Llega el momento de recoger todo y, mágicamente, aparece Mickey Mouse con unas escobas, que no dejan de reduplicarse. Empiezan a barrer toda la basura generada. Se escucha de fondo *El aprendiz de brujo.*

***

Me tocó otra vez ser presidenta de un tribunal de oposiciones para profesores de secundaria. No me lo puedo creer. No cuento lo aburrido...

Ya ha llegado agosto, satisfecha con todo lo logrado. Ahora toca descansar contemplando el paisaje de mi querido San Rafael.

UNA OBRA DE ARTE

Se acabó el año escolar y otro verano más en San Rafael. He viajado mucho por distintas partes del mundo y siempre vuelvo a mis raíces, a este rincón idílico, lugar de encuentro con uno mismo y de unión espiritual con otros, donde se escuchan las estrellas, como Antonio Machado expresaba, haciendo alusión a "la música de las esferas".

Todos los días camino por las laderas de sus montañas y cada mañana o cada tarde llego a mi casa empapada de resplandor al haber percibido este bello paisaje. Así, me imagino todo como si fuera una obra de arte y doy gracias al Creador por poder contemplar este maravilloso escenario.

Desfiladero de pinos alineados, columnatas del arte clásico estriadas, pórtico frondoso de esta localidad segoviana —es una basílica de refugio, descanso, paz y sosiego. Sus esbeltos pinos son columnas jónicas cubiertas de níquel y capiteles corintios ornamentados con ramas y piñas.

Raíces centenarias que sobresalen de la tierra en forma de escalones para facilitar la subida y bajada al montañero con su paso firme, aunque silencioso, que resuena bajo la bóveda de ramas con hojas perennes y del cielo —ese cielo segoviano claroscuro— por el día azul celeste con nubes de algodón, que van cambiando de forma; por la tarde, rosáceo y a veces con tonos rojizos, que se convierte en una pintura puntillista de estrellas por la noche.

Susurro de coros de tenores fuentes y sopranos arroyos que corren por las laderas inundando el ambiente de un fresco verde. Mariposas marrones, naranjas, blancas con lunares negros, otras amarillas y alguna que otra roja sacada de un álbum de cromos de la infancia, que vuelan libres por los helechos con ramas como si fueran suaves lanzas.

Acebos que se visten de rojo con su fruto cuando llega el frío, cortezas de árboles, surcos en la tierra por el desgaste del paso del tiempo, del agua, de la nieve, del arrastre de los árboles, de épocas pasadas, de montañeros que dejaron huella —construyeron fuentes para que otros se refrescaran y bebieran.

A lo lejos oigo sonidos sordos que transmite la atmósfera tranquila que se respira: el aullido de los perros, el balido de las ovejas llamando a sus corderos, el relincho de los caballos, que piden galopar sin límites, el mugido de las vacas para comunicarse entre ellas, el sonido metálico de los petirrojos que se acercan y observan los movimientos de los caminantes, los córvidos que graznan, avisando de las nuevas, el tintineo de las hojas de los chopos queriendo dar la bienvenida al visitante, el rugido de la autopista, el silbato del tren, anunciando su feliz recorrido a Segovia, "el placer de alejarse" de la urbe, del trabajo, como decía Machado, en busca de su amada.

Cuentan que cuando hay mucho ruido causado por la muchedumbre que tira basura en estas montañas y cuando se oye el sonido del afilado hierro, de la tala de algún árbol con la motosierra y el hacha cortando la leña es, entonces, cuando estalla la furia del bosque y algunos pinos se transforman en seres fantasmagóricos con esas raíces desgarrando la tierra y con sus ramas secas que se alargan en todas las direcciones en busca de auxilio, mientras las piñas caen con fuerza con sonidos graves y agudos.

Toda esta amalgama de sensaciones, de sinestesia, de confusión de los sentidos se plasma en una pintura con imágenes superpuestas en láminas de acetato transparente. Al son de esta melodía de pieza de arte, las campanas de la iglesia replican con júbilo la llegada del verano y congregan a todos para que compartamos en armonía estos momentos únicos que nos brinda la naturaleza en San Rafael.

Pinos de San Rafael

UNA MARGARITA

En una reunión del instituto la directora lee parte de un correo que le ha llegado de una madre para que lo transmita al departamento de inglés:

Nuestros hijos tienen que salir más, hacer más excursiones, hacer intercambios en vez de cursos de estancias lingüísticas en el extranjero. Salen mucho más baratos los intercambios.

—Nosotros desde el Instituto estamos de acuerdo en fomentar lo que escribe la madre. Toma nota, Chelo, para dejarlo preparado para el próximo curso. —Dijo la directora a la jefa del departamento de inglés.

—Fenomenal. Sé que llevará trabajo, pero lo intentaré.

Una vez que Chelo ha dicho esta frase tan impulsiva, añade:

—Una vez se canceló una actividad de teatro. La compañía iba a venir al instituto; pero como no se apuntaron algunos alumnos, al final, nos dejaron mal y la actividad se tuvo que cancelar por órdenes de arriba.

—¡Qué bochornoso! Tuvimos que decir a la compañía que no viniera cuando ya estaba casi apalabrado, sólo porque unos pocos no quisieron que se realizara la actividad —comentó una compañera, la más fiel que conocía Chelo de los que estaban allí reunidos —Siempre hay gente que intenta que el prójimo trabaje para luego deshacer esta labor, lo que vulgarmente se conoce como "poner la zancadilla", aunque también, menos mal, hay gente que fomenta lo positivo; pero últimamente se tiende a lo primero de una manera más sutil.

—Sí. Además, se da más crédito a este tipo de personas-añadió Chelo.

—¿Tú crees? Yo creo que estás algo depre por tanto trabajo y horas extras que te han metido este curso, pero muchos aprecian lo que has hecho y haces.

—Será eso. De todos modos, voy a hacer lo posible para que salga el intercambio.

Chelo salió del trabajo, empezó a diseñar una asignatura optativa que siempre había estado pidiendo en el nuevo instituto y a contestar todos los correos pendientes. Después escribió un cuento:

Flor era una niña solitaria que se recreaba imaginándose historias que ocurrían a su alrededor y, cada vez que salía con su familia a hacer alguna excursión en el Simca 1000, matrícula M 630216, veía a una bailarina haciendo piruetas con su tutú y moño repeinado con una cinta brillante.

—Papá, ¿puedes poner otra música? En mi clase las niñas escuchan canciones en inglés.

—A mí no me gusta. Parecen perros ladrando.

Flor se callaba porque su padre era quien llevaba el volante. A Flor siempre se le aparecía esa niña libre bailando en el arcén. Ella, en cambio, estaba atada a las demandas de su familia y cuando creció siguió el mismo camino.

—¿Por qué no te quedas tomando unas cañas con nosotras aquí en el bar? Los niños juegan solos en la calle y se lo pasan muy bien. No hay peligro —le decían las madres del barrio.

—No, no puedo. Quiero bañarlos y acostarlos pronto para que duerman sus horas.

—Como quieras, pero no seas tan exagerada.

En cuanto a su carrera profesional, Flor intentó meter la creatividad en sus clases de inglés, utilizar el teatro, la pintura y la fotografía, jugar con los fonemas, con la gramática, con la lengua y, a través de estas actividades, explicar la gramática. Primero ejemplos, luego, teoría. Y así estuvo décadas. Luego vinieron jóvenes "progresistas" y desdeñaron todo lo "antiguo".

Sus compañeros la decían:

—Tus clases son una pérdida de tiempo. Hay que explicarles la lección tal y como está en el libro. Hay que tener a los alumnos sentados rectos, que no se puedan mover de su sitio.

—Es más complicado dar clase así —es cierto. No se mantiene tanto el orden, pero cuando crezcan lo recordarán y lo agradecerán.

Llegó un momento en que le dio lo mismo si sus alumnos o su familia se iban a acordar de aquellos instantes. Flor se sentía libre como una bailarina y vivió en su mundo de colores, como una margarita, cuyos pétalos se extendían al son del viento y del sonido de las campanas haciendo *pirouettes.*

Bailarina áurea,
margarita que bailas
con blancas alas.

A laidy daisy
dances like a pretty dancer,
like a crystal angel.

Margaritas en San Rafael en el mes de junio.

Pues sí, de niña siempre veía a una bailarina en el arcén moviéndose libre y elegante. Puede que fuera mi otro yo.

Finaliza una vez más otro curso. Los alumnos han pedido ver la película *La la land* (La ciudad de las estrellas). Les ha encantado ver cómo bailan, cada paso que marcan, la puesta de sol en una de las zonas más altas de Los Ángeles, cómo convierten en un momento mágico un atasco de coches con la música y el baile. Esta última escena me ha recordado cuando fui a hablar con la tutora de mi hijo menor antes de Navidad y cayó una nevada morrocotuda. Salía de Torrejón y los coches estaban todos parados en la A2. La gente salió de sus coches, al igual que en la película; pero en vez de bailar, se pusieron a hacer muñecos de nieve en la mediana. Me imaginé a la bailarina que veía de niña en el arcén. Esto es magia.

***

Pedí un deseo,
molinillos de algodón,
soplo de ilusión.

People wish a dream,
bubble flowers grow in spring,
people blow a dream.

Vilanos en San Rafael

SOLEDAD

Sensación agridulce,
que a veces me corroe el cuerpo
y otras me refresca el calor
que llevo dentro.

A quién exponer mis miedos, mis temores,
con quién compartir alegrías, ilusiones.

Sweet and sour feeling,
tears don´t down my cheek,
cause my soul is free.

***

En esta etapa, alterno visitas a museos y talleres de arte con mi trabajo. El otro día fui al museo Cerralbo a un taller de escritura. Tuve que tocar un objeto con los ojos cerrados —era una tortuga, pero me imaginé que era la flor de Lis. Teníamos que escribir algo que nos sugiriese ese objeto y este es el resultado:

FLOR DE LIS

Madera que te transformas en flor,
suave, del olor azul del mar-
onduladas y afiladas tus hojas,
realeza heráldica,
fuerza viajera guerrera,
que surcas mares
y endulzas amores.

Madera que llegaste a mis manos,
palpé tu luz de alma.
Luz, alma y resurrección.

Hablando de mares. En el puente de octubre mi madre y yo estuvimos en Guardamar, ya que en verano no pudimos. En agosto hace demasiado calor para que mi madre pueda estar allí y en julio me tocó estar en el tribunal de oposiciones.

El último día de estas mini-vacaciones en el veranillo de San Miguel, no quería que el tiempo se evaporara y contemplé, olí, oí, saboreé, palpé cada milésima de segundo.

Di gracias por poder disfrutar de estos momentos de paz y miméticos, de poder estar con mi madre.

MÍMESIS

¡Qué bonita palabra!

Las situaciones se mimetizan. Reviso mi trabajo y mi libro de palabras miméticas, las veo reflejadas en otros libros de literatura inglesa. Nosotros imitamos a los antiguos; las nuevas generaciones nos imitan y a la vez a los antiguos. Yo misma me imito —de niña escribía cuentos con dibujos. Ahora hago lo mismo, también añado a mis escritos fotografías y pinturas. Combino sentidos, palabras y colores que giran en círculos, como la vida misma, donde todo se mezcla, artes, temas, tiempos, épocas, letras, números, colores, lenguas para llegar al final a la misma esencia.

De niña, soñé que los colores significaban letras y números. Había una fórmula. Todo era UNO.

Pintura

Guardamar del Segura en octubre

El pantalón de rayas y las escaleras metálicas del metro se mimetizan en un día de trabajo, antes del puente de octubre.

Pintura. Ropa tendida en la playa. Los colores se mimetizan en la playa.

El otoño vuelve y luego vendrá el invierno. La época joven se fue, aunque se abre una etapa de incertidumbre, pero de sosiego. Llega un momento en que da lo mismo ser gorda o delgada, morena o rubia, guapa o fea.

UNA MORENA Y UNA RUBIA

Se conocieron de niñas —una morena y una rubia— como en la zarzuela.

Estas dos niñas siguieron dos caminos totalmente diferentes. La rubia se fue a Australia a terminar sus estudios y allí encontró a un australiano que le sacó las castañas del fuego; la morena, en cambio, se quedó en su país, siendo fiel a sus padres, a su marido y quiso dar lo máximo a sus hijos con el sudor de su trabajo.

La primera fue más afortunada en todo —al menos eso es lo que decía ella y la segunda no tanto, también esto lo decía la primera. La rubia hablaba por las dos, ya que, de alguna manera, siempre había estado al acecho de cómo le iba a la morena, bien preguntando a una amiga común, bien imaginándose su vida.

Mientras la afortunada vivió desahogada y sin ningún tipo de miramientos en su porvenir, la "desdichada" dedicó su tiempo libre a formarse y a mejorar su carrera, alcanzando el nivel más alto en su trabajo.

Pasó el tiempo y llegando ya casi a la tercera edad, coincidieron en persona. Aún conservaban algo de esa chispa que tenían en su juventud, pues las dos habían sido muy resultonas, cada una en su estilo, aunque la rubia estaba más consumida y se preguntaba esta cómo la otra, que entonces había sido más desfavorecida, nunca perdía la paciencia ante situaciones difíciles y, un día —ya no pudo más— se lo preguntó directamente.

—No sé cómo te puedes tomar todo de una manera tan tranquila. Yo no puedo.

Y la morena, harta de que la rubia la estuviese siempre observando por el rabillo del ojo con una mirada de envidia, le contestó:

—Estoy tan tranquila porque yo no solamente reivindico mis derechos, sino que también sé cuáles son mis obligaciones. Nunca me aprovecho del otro, sino que miro por el bien de todos y cuando acaba el día me voy a la cama contenta porque he hecho lo que he podido. Intento hacer feliz a las personas, aunque sea una décima de segundo, con una sonrisa.

La rubia se calló y no la volvió a mirar más por el rabillo del ojo.

***

El teléfono fijo es un incordio, ya que, en mi caso, sólo me llaman los pesados de distintas compañías de teléfono, electricidad y gas. Cada tres días me llaman sobre las nueve de la noche y nunca contestan, Me voy a inventar un cuento sobre esta pesadez; pero con un toque romántico, como pasaba en la canción de *Llora el teléfono*. Esta vez lo voy a ambientar en una escena que me conmovió el otro día.

Yendo al trabajo, en la Calle del Marqués de Pontejos, un señor mayor con una bolsa grande que hacía de maleta me preguntó si en el piso de arriba, que me señalaba —se refería a unos balcones antiguos encima del portal— trabajaban unas mecanógrafas.

Me encantó el término empleado:"mecanógrafas", que ya está casi en desuso.

Miré hacia arriba y era un piso encima del Banco Santander y de un tablao flamenco que hay ahora.

Puede que el hombre se acordara de alguna antigua novia suya. Me enterneció.

EL PESADO DE TURNO

—¿Diga?

—(Silencio)

—¿Diga?

—(Silencio)

En el otro auricular, Manuel, en parte por sus ochenta años y en parte por su enfermedad, no podía pronunciar ni una sola palabra. Pero se acordaba de ella y de su número de teléfono. No podía hablar, pero sí pensar. Todos los martes y viernes tecleaba los números —aún no estaban rígidos sus dedos. Mientras, intentaba hilar las imágenes de aquellos años dorados que pasó con ella y soltaba gemidos lánguidos de tristeza.

—No puedo hablar, pero si pudieras leer mis pensamientos.... —quería decir el subconsciente de Manuel.

—¿Diga?

—Me sigo acordando de aquellos tiempos, en los que éramos felices, reíamos, nos cogíamos de la mano, nos besábamos.

—¿Diga?

—No me cuelgues, por favor. Háblame.

—¿Diga? Ya está el pesado de turno. *Ploff*

—*Pi-pi, pi-pi, pi-pi.* Me colgaste otra vez.

María tuvo un novio de los de antes, educados, que cedían el paso a las damas, se cortaban las uñas, se aseaban y se echaban colonia para ver a su amada. María trabajaba de mecanógrafa en la calle de Postas, esquina a Esparteros. Por un tema de celos y cuernos, cortaron la relación y no volvieron a verse ni a saber nada el uno del otro. Un día, Manuel empezó a perder facultades y su cerebro empezó a deteriorarse. Se olvidó de todo, de los nombres y de las caras, menos de ella y su número de teléfono. Cuando podía, la llamaba, esperando que algún día, ella lo reconociera.

—¿Diga?

—(Silencio)

—Manuel…

—Uhhhhh

—Me hiciste muy feliz, pero fuimos unos tontos y no supimos arreglar nuestras desavenencias. Te esperaré a que me vuelvas a llamar y te leeré poesía por el teléfono.

María ya supo quién era el pesado de turno. Manuel suspiró.

Algo parecido me ha ocurrido recientemente; pero en este caso, yo he sido la que preguntaba por un bar que estuvo en una calle por donde pasábamos mi marido y yo con la Vespa. A él le encantaba ese sitio por cómo hacían la oreja. Hace mucho tiempo que cerraron ese local. No obstante, pregunté, sin pensar a quién, a los primeros que vi. Nada más y menos que fue en una tienda de chinos, que no tenían ni pajolera idea. Creo que su percepción fue muy distinta a la mía. La mía fue la de una añoranza romántica y la de los chinos, que yo era una señora, ya mayor —despistada y que no me enteraba. Les dejé que se regocijaran en su pensamiento y seguí mi camino.

Me enternecen las historias de personas mayores.

QUIQUIRIQUÍ

Quiquiriquí, quiquiriquí, sonó el despertador de Quique. Su reloj era el aviso del comienzo del nuevo día.

Pausadamente, como siempre hacía, se incorporaba de la cama, y colocaba sus zapatillas de estar por casa a la altura de sus pies. Antes de asearse, todas las mañanas, interpretaba que se miraba al espejo del cuarto del baño.

—Un día más —pensó para sus adentros— hoy el ojo izquierdo lo tengo un poco más abierto —y se masajeaba los párpados, haciendo movimientos circulares de abajo arriba, como si quisiera estirarse la piel que recubría sus ojos y conseguir ver algo más que un destello de luz.

Cuando terminaba de vestirse, se dirigía a la cocina y tanteaba los utensilios para el desayuno, que Lucía, le dejaba preparado todas las noches antes de irse a su casa.

Después, se acomodaba en su sillón del salón y escuchaba la radio, a la espera de que llegara su *chica favorita,* como él llamaba cariñosamente a Lucía.

Al mediodía, todos los días, se oía el sonido de la llave introduciéndose por la cerradura de la puerta. Por fin, era ella.

—¿Cómo está hoy *el chico más guapo del barrio*?

—Como siempre, esperando a que llegaras tú para charlar un poquito.

—Pues ya estoy aquí y ahora nos vamos a dar una vuelta por El Retiro.

Mientras paseaban, Lucía siempre describía a Quique todas las sensaciones que percibía a través de sus ojos y este, a su vez, le contestaba su sentimiento como podía.

—¡Cómo se nota que ya estamos en otoño! El camino que nos lleva hasta la *Casa de Vacas* está cubierto de las hojas caídas de los árboles.

—Sí, noto con mis pies que voy retirando y pisando las hojas al caminar.

—¡Qué día más lindo hace!

—Sí. Oigo a los pájaros cantar.

Hablaban, se reían y se escuchaban las ocho horas enteras que estaban juntos, hasta que Quique se acostaba, esperando a que amaneciera otro día más.

Pero un día no se oyó, a las doce, el sonido de la llave introduciéndose por la cerradura de la puerta.

A Quique le pareció muy extraño, pues Lucía siempre era muy puntual. El tiempo transcurrió y Lucía no apareció.

Quique marcó varias veces el número de teléfono de la casa de su *chica favorita*, tanteando y contando las teclas del teléfono, para no equivocarse. Nadie cogía el teléfono, por más que lo intentó.

El chico más guapo del barrio, de repente, se acordó de que Lucía el día anterior había llamado desde su casa a una amiga suya para avisarle de un trabajo. Quique intentó encontrar la tecla del teléfono donde quedaban registradas las últimas llamadas y, con mucho esfuerzo, al final, dio con el número de teléfono de la amiga de Lucía.

—Diga.

—Hola, buenas tardes. Soy Quique. Su amiga Lucía me cuida y quería saber si sabe algo de ella, pues no me ha avisado de que hoy no iba a venir a mi casa y me parece muy raro en ella. He llamado a su casa y no me lo cogen. La verdad es que estoy un poco inquieto, porque no sé qué ha podido pasar.

—Pues no sé nada. Yo no he hablado con ella desde ayer. No se preocupe. En cuanto sepa algo, se lo comunico.

Susana, la amiga de Lucía, le había echado una mentirijilla al viejo invidente, pues, sí sabía de su amiga. De hecho, Lucía en ese momento se encontraba con Susana. La *chica favorita* de Quique estaba pasando un mal momento, ya que quería mucho al anciano y sabía que a este le quedaba poco de vida. No sabía cómo afrontar esa situación. Le quería tanto, que no soportaba que un día llegara a su casa y ya no le encontrara o, peor aún, que le hallara sin vida. Ese día Lucía no se atrevió a ir a casa de Quique, porque no sabía si alejarse de él bruscamente o ir desapareciendo poco a poco.

Susana aconsejó a su amiga que buscara una excusa de por qué no había podido ir a su casa, para no herir al anciano. Lucía tuvo unos días para reflexionar su caso y, al final, decidió que volvería con él y hacerle los últimos días de su vida lo más feliz que pudiese. Así, todo volvió a la situación de equilibrio anterior que, a veces, conlleva una sensación de monotonía; pero ahora era todo más bonito, porque los dos, dentro de esa rutina, estaban viviendo la época más bella de sus vidas. *Quiquiriquí, quiquiriquí.*

El Día de los Santos, un día de lluvia, he estado en San Rafael a dejar la ropa de verano y me he encontrado con el panorama de que en algún momento se fue la luz y la comida en la nevera estaba podrida. He venido a descansar algo, a preparar mis clases y lo que he hecho ha sido limpiar y tirar. Aun así, he preparado algunas de mis lecciones. A la vuelta, he visto un paisaje precioso por Villalba. Había sol, con un resplandor propio de los días de tormenta, un brillo *oásico* contrastaba con el gris añil que se extendía a tan sólo unos metros —olía a tormenta. El paisaje me regalaba este colorido, mientras conducía, de vuelta a Madrid. Las vacas pastaban felices en el verde prado.

UN LUNES DE NOVIEMBRE

Hay días que me encuentro como una jovencita —vuelo como una mariposa— y otros que me siento vieja —voy lenta como una tortuga—, me duelen las articulaciones, todo —malestar con un agotamiento profundo, como cuando salen en la televisión algunas mujeres hablando de sus dolencias por la fibromialgia. Yo, más bien diría, que lo mío es un cansancio existencial, de hacer, de deshacer, de llamar por teléfono muchas veces, de gestionar lo mal gestionado por otros. Me ofrezco a ayudar. Veo a mi madre, mi fiel compañera, mayor; él, que fue el hombre que mejor me entendió y ayudó y después se convirtió en un viejo egoísta y acaparador. Hoy es lunes, hoy me encuentro así.

—¿Cómo te llamas?

—Lunes.

—Y ¿en qué mes naciste?

—En noviembre.

—No te quiero.

—¿Por qué vas al principio de la fila?

—Porque soy el primer día de la semana.

—Y ¿qué conlleva eso?

—El primer día de trabajo de la semana.
—No te quiero.

—¿Por qué te llamas lunes?
—Porque soy brillante como la luna, que te alumbra por la noche dándote paz y sosiego.
—Quiero sentir tu caricia de rayo mientras duermo.

Así va a ser mi lunes esta noche, que me va a arropar con una manta de luz de luna mientras duermo y sueño por un mundo feliz y más justo.

Buenas noches.
Aire limpio,
otoño fresco,
amarillo, marrón, verde.
¡Qué suerte de poder verte!

Otoño en La Estación del Espinar

Desde siempre he querido aprender. Mi madre quería también. Ahora ya no quiere ni puede. Con el tiempo se pierden las ganas de todo. Me lo dijo una amiga mayor que yo.

—Ya verás cuando cumplas los 60. Ya no tendrás ese afán por aprender.

No sé si es que he entrado en los 60 o que estoy algo desgastada de tanto trabajo. En este curso me iban a reducir el horario por ser coordinadora bilingüe y jefe de departamento y, al final, me dejaron más horas de la cuenta: 19 de docencia, más luego todo lo extra. También se quitan las ganas de todo, porque pocas personas quieren aprender. Se va a lo funcional, a ganar dinero y ya está.

RECORRIDO DE BELENES

Hoy es el Puente de la Constitución y de la Inmaculada, 5 días. ¡Qué demasiado! Voy a aprovechar a ver todos los días a mamá y a amigos que tengo aparcados, con los que nunca puedo quedar y, además, me voy a apuntar a actividades por Madrid.

Veo una actividad en el ordenador.

Esta me gusta: recorrido de belenes. Me apunto.

—¡Hola! ¿Sois del grupo de belenes?

—Sí. La anfitriona no puede venir. Yo la sustituyo. Me llamo María. Faltan muchas personas. Mila no viene, Arancha tampoco, Luisa dice que llega tarde, Manolita dice que no sabe si va a venir. Ramón, el único hombre del grupo, dice que se queda viendo el partido... Allí hay otro grupo de personas. Seguro que son de los nuestros. No hay entradas para ver el Belén municipal de Centro Centro. Había que haberlas sacado antes.

—María, yo me agobio con tanta gente. Está Madrid petado de turistas para ver las luces. ¿Pasamos de ver los belenes?

—Vale. Vamos a un Cien Montaditos. Es imposible llegar hasta el Belén de la Comunidad en la Real Casa de Correos. Si en realidad, se queda para no estar todo el día en casa metidos, para conocer gente.

Si yo había venido a ver los belenes y recordar aquellos años que iba con mis hijos —a veces me acompañaba mi padre— ¡Qué bonito era ver el Belén del Hospital de San Rafael y la maqueta de tren! Había gente, pero no tanta como ahora.

BOTIJO DE AGUA FRESCA

Esta noche me he despertado con una imagen, una ventana de la casa de la calle Primavera, donde iba de niña con mis padres a visitar a mis abuelos. En el alféizar había un botijo, era verano. Me desperté y pensé que ya no se ven esas imágenes del Madrid castizo. Mi madre me cuenta que los botijeros por la calle vendían un trago de agua fresca los días de verano, al igual que en la playa se vendía "al rico bombón helado"

Ahora ¿a quién le puede gustar un botijo de agua fresca en una ventana?, ¿a quién le puede interesar una maceta en un carrito, esperando a que alguien comparta un café? A una minoría; pero mientras lo recordemos y lo llevemos dentro, ese momento seguirá existiendo, mientras haya personas sensibles, artistas, poetas, esas escenas quedarán inmortalizadas de generación a generación.

Ondulado un visillo se mueve,
Mamá canta y hace la cama.

Ondulado un visillo se mueve,
botijo de agua fresca en la ventana.

Un trago de agua fresca.

LA MACETA Y EL CARRITO

Comenzaba el verano, una mañana mi hermana y yo acompañábamos a mamá a que le arreglasen el audífono. Estábamos contentas. Nos sentamos en una terraza en Diego de León a tomar un café y vi esta bella escena.

Una maceta y un carrito
invitan a tomar un café
una mañana en compañía.

En una cafetería de Diego de León

Una amiga de mi madre decía cuando el verano terminaba y nos despedíamos hasta el año siguiente: "De aquí a nada ya tenemos las Navidades encima".

Entonces, pensaba que era una exagerada, ahora veo que tenía toda la razón del mundo.

De nuevo, pondré mis mini belenes y me imaginaré una Navidad de cuentos.

EL TAXISTA

El día de Nochebuena por la noche cogimos un taxi mi hijo y yo. Primero, se bajó él, pues donde había quedado estaba en la zona centro de Madrid y luego el taxi se dirigió a mi destino, más a las afueras. Cuando íbamos a medio camino, el conductor puso música y se subió la capucha de la sudadera. Había luna llena. Desde mi ángulo parecía un hombre encapuchado de los que salen en los vídeo juegos y arrasan con todo. Estaba deseando llegar a mi casa.

Noticia de última hora. La policía está buscando a un taxista peludo con *hoodie.* Según algunas fuentes, al parecer, se trata de un monje encapuchado haciendo penitencia por algo que hizo mal en la otra vida. Conduce un taxi oscuro que recorre las calles de Madrid en esta Nochebuena y como hay luna llena, el pelo le empieza a crecer sin límite y el taxi se convierte en una enredadera que atrapa y estrangula al pasajero sin piedad.

El presidente del Gobierno ha prohibido la salida a la calle en este día para evitar estos sucesos que están ocurriendo. La Portavoz del Gobierno nos comunica que la Nochebuena es para estar todos juntos sin riñas, que brindemos por estar presentes y vivamos en armonía o, de lo contrario, nos podemos encontrar a un taxista un tanto peculiar.

Aunque me guste la tranquilidad, siempre surgen temas, voces altas en estos días tan especiales. Me sumerjo en mi mundo de cuentos. No quiero volver a la realidad sin ellos.

***

Ya está finalizando el curso otra vez. Me cambié de instituto, para no caer en la monotonía y que el tiempo se me pasara más despacio y no lo he conseguido- todo vuela en esta vida, pero los recuerdos y las sensaciones quedan dentro de nosotros.

SENSACIONES

15 de mayo de 2024. Heme aquí en Brighton con unos cuantos alumnos de 3º de la ESO, más dos compañeras. He sacado, como suelo hacer cuando viajo, una foto de la vista que tengo desde la ventana de mi dormitorio. Esta vez es una escalera roñosa, cuya única función es la de comunicarse con la ventana de la habitación de arriba a la derecha. La panorámica consiste también en varios andamios con unas redes. El poco cielo que puedo ver entre medias de las dos casas, medio derruidas, sostenidas por este andamiaje, es lo que me da algo de sosiego, especialmente cuando veo la luz del sol entre las nubes. Se oye el bullicio de las personas, pues este hotel está en pleno centro.

Las monitoras de la agencia nos han comunicado que nos cambian de hotel por estar en malas condiciones y nos llevan a una zona residencial llena de chalets, donde reina la tranquilidad — lo único que se oye es el aleteo de algún ave grande y el ladrido de algún perro- al menos eso es lo que he oído esta noche. La vista que tengo desde la ventana del dormitorio es un campo con casas esparcidas y al fondo un conjunto de árboles, que, al atardecer, cuando el sol va a acostarse, parece una colina redondeada.

21 de mayo de 2024. Hoy era, supuestamente, cuando regresábamos a Madrid; pero no ha sido posible para tres de nosotros — un chico ha perdido el pasaporte y una de la agencia, el alumno y yo nos hemos tenido que ir a la Embajada de España, para que le tramiten un salvoconducto. Hemos tenido que pasar una noche más; pero esta vez en Londres, no en Brighton. ¿Ha sido un fastidio o un regalo? Según se mire. Para mí, ha sido un regalo, pese a los trastornos y nervios ocasionados, pues casi perdemos el vuelo también a Madrid- ha habido mucho tráfico en un día de lluvia imparable.

En Londres nos hemos tenido que alojar en un hotel y custodiar al alumno. Mi habitación está en un sótano y una vez más veo varios peldaños de una escalera, carcomidos por la humedad, la lluvia y el moho. Arriba veo un arbusto con alguna rosa deshojada y dos pétalos en uno de los escalones, cerca de mi ventana. Al fondo hay una maceta con unas margaritas blancas y una bolsa de plástico que alguien habrá tirado o el viento habrá dejado ahí, posada en la maceta. El sonido característico de esta habitación es el del metro —la estación debe de estar al lado. Me acuerdo de aquellos meses que estuve viviendo en Londres y tenía que hacer trasbordo en esta estación, encrucijada de raíles y vagones.

Una vez que ya se ha solucionado lo del salvoconducto, hemos visitado la planta baja del museo Victoria &Albert. Hay una sala parisina preciosa, junto a un retrato de María Antonieta, con aspecto frívolo, que me ha gustado mucho. Hemos paseado por Kensington Garden y por su palacio. La reina Victoria siempre presidiendo y mirando el estanque que tiene enfrente, mientras caen las gotas repiqueteando en el paraguas al son de mis pisadas.

Es increíble, pero en el estanque los patos y cisnes están impasibles por la lluvia —acostumbrados a este clima. Uno de ellos eleva sus patas y sumerge su cuerpo como queriendo pescar algo con su pico.

A la vuelta, hemos pasado deprisa por el cementerio de Brompton para ir a una farmacia a por un antihistamínico. No me importa haber tenido que coger el metro de Londres para ir a la Embajada de España. No me importa haber recorrido sus calles mojándome. Así, he sentido el frescor del parque, de las hojas de los arbustos del cementerio, crecidas en su verdor salvaje, sin ser cortadas por nadie, olvidadas, yaciendo en aquellas antiguas tumbas.

Yo disfruto, el alumno y la persona de la agencia andan sin fijarse, con el móvil siempre en la mano para chatear y yo para hacer fotos y recrearme. A veces las personas se me parecen a robots humanos o humanos robot. Yo, en cambio, soy feliz sintiendo, observando, oyendo y oliendo.

Parecía que no llegaba el momento de poder coger el avión. Me ha tocado el asiento 5A al lado de la ventana. La luna casi llena brilla en las alturas encima de las nubes blancas y rosáceas, despidiendo al sol. Es un regalo después de este día tan estresante.

Ya en España, en mi casita. Me han traído los padres del chico. Es la una y media de la madrugada. Me da igual la hora que sea. Abro una cerveza y una lata de mejillones en escabeche. Esto sí que es una caña con una tapa.

La reina Victoria siempre presidiendo. Mira el estanque que tiene enfrente, mientras caen las gotas de lluvia repiqueteando en el paraguas al son de mis pisadas.

UN MAGO LLAMADO ARSENIUS

Una excompañera el IES Palas Atenea me invitó el otro día a asistir a una representación teatral suya con algunos de sus alumnos de su nuevo instituto. Me emocioné, pues fue un proyecto matemático-inglés, que comenzamos las dos juntas. Yo traduje su obra, introduciendo palabras onomatopéyicas en inglés y actué del mago Arsenius. Reviví aquellos momentos cuando sacaba la serpiente de madera de mi padre y decía: hisssss; cuando hacía aquellos trucos que me tuve que aprender. La obra ha mejorado mucho, pues han añadido más contenidos matemáticos y los alumnos pronuncian mejor el inglés, pero las onomatopeyas han quedado ahí, impresas en la historia. Seguiré siendo el mago Arsenius de antaño cuya *capacidad de asombro* (frase acuñada por Marian Rojas- Estapé) aún no ha desvanecido y seguiré soñando en un mundo de magia de cuentos.

***

El arte, los museos, la literatura son propicios para inventarte historias.

LA ETERNA ESPERA

Me llamo Carlos Vicente Ramos y Martín. Para mi familia y amigos soy Carlitos, el del balandrito. De mayor quiero ser marinero y por eso, me veis aquí jugando con este barquito. No os puedo ver, pues el maestro Sorolla quiso pintarme así, mirando hacia abajo. Creo que ya nunca podré volver a estar erguido. Llevo más de un siglo en esta posición- exactamente ciento catorce años. Esta inclinación de mi cuerpo me resulta un tanto incómoda y a mi ángulo del ojo le falta un poco de giro para que os pueda mirar de soslayo, pero ya he cogido el truco de saber cómo sois cada uno de vosotros. Sólo tengo que dejarme llevar por el tono de vuestra voz y por la luz que transmitís cuando venís a verme.

El maestro ha querido experimentar en este cuadro el vaivén del agua y revivir las costumbres valencianas, tras su estancia en los Estados Unidos. Por eso, heme aquí, jugando con este balandrito y así, sea de paso, le agradezco enormemente que me haya escogido como modelo, ya que la espera de poder ver a mi padre se me está haciendo más llevadera.

A mi padre se le conocía como Tomás, el audaz. Era valiente y no temía a nada ni a nadie que se le pusiera por delante, pero el mar de levante es muy traicionero. Dicen que la noche antes de que él desapareciera, había luna llena, cuyo resplandor se esparcía por todo el cielo. Nunca se había visto tan singular belleza. Se cuenta que saltaban chispas de esa aureola brillante, como si de fuegos artificiales se tratase.

Ahora pienso que la luna nos quería comunicar algo que resultaba ambiguo- por un lado, ella desprendía alegría; pero por otro, estaba poniendo sobre aviso a los vecinos del barrio de una tragedia que iba a acontecer con desgarradoras lágrimas, y no, chisporroteantes chispas.

A primera hora de la mañana, que era cuando los marineros y pescadores empezaban con los preparativos y los cargamentos antes de echarse a la mar, la luna seguía desprendiendo ese brillo anormal ¿Acaso era una despedida a los lobos de mar con fuegos artificiales o era un estallido de llantos?

De repente, se levantó un oleaje, como otras veces había sucedido en El Cabañal. ¡Cuántos habían sucumbido en aquellas aguas! Se rumoreaba que el origen de este extraño fenómeno se debía a una saga de vampiros y vampiras, de los que existían antes de Drácula. Cuando los barcos zarpaban muy temprano, aún de noche, y la luna en la mar rielaba, ellos y ellas salían con sus capas extendidas, aleteando con fuerza. Torbellinos se formaban y el mar se encrespaba con ganas de devorar todo lo que se interpusiera a su paso. Los barcos naufragaban y los cuerpos de los marineros nunca se hallaban.

Dicen en el barrio que las mujeres, las pescaderas y amigos siguieron con la vista el recorrido del balandro, hasta que una ola gigante invadió la escena y después, hubo un vacío inmenso en el horizonte. Sólo se oyó un chirrido a lo lejos —parecía el gemido de una guitarra vieja— Pero no, no era eso, era una sensación colmada de profundo dolor que revelaba el crujido de unas quebrantadas tablas de madera.

Esto es lo que cuentan; pero yo aún tengo la esperanza de poder volver a ver a mi padre y que se sienta orgulloso de mí, de su hijo que quiere ser marinero, como él. Mientras tanto, juego con mi barquito, en esta postura inclinada, rodeado de reflejos y movimiento que el maestro Sorolla ha querido plasmar, esperando —la eterna espera— antes de que llegue otra tenebrosa noche vampírica.

(Cuento basado en *El Balandrito*, Joaquín Sorolla, 1909)

CONVERSACIÓN CON UN MONAGUILLO

—Si me pudieseis oír, monaguillo, os diría que me siento muy identificada con vos, al veros en este cuadro. Durante tiempo mi papel en la vida fue más de observadora que de actora. Contemplaba cómo actuaban todos los que me rodeaban y me olvidé de mí misma, de mi persona. Asentía a todo lo que me decían. Ahora, me estoy despertando del letargo del *COVID-19*. El coronavirus me ha enseñado que mi estado pasivo tiene que cambiar. Poco a poco, voy sintiendo una transformación y liberación dentro de mí. Decidme, monaguillo ¿Me podéis oír al otro lado del cuadro?

—Sí, os oigo. ¿De dónde sois? No os puedo ver. Siento como si fuera vigilado por alguien perteneciente a otra época. Si estáis ahí, quiero pedir clemencia antes de que dictaminéis mi sentencia por no querer entregarme ahora a mis devotas tareas. No quiero en este momento atender mis oraciones. Ni tampoco continuar con mis quehaceres

—Pues, relajaos ahora. Os equivocáis de persona. Yo no soy ninguna *jueza*. Tan sólo soy una amante del arte. Me imagino historias y las plasmo en cuentos y en pinturas. Yo que vos, estaría hasta la coronilla de todas vuestras obligaciones y eso que no os veo ninguna tonsura de santo. Respirad. Contemplad el bello paisaje que se despliega ante vos, antes de volver a vuestros aposentos.

—He de esperar a la llamada del prior. Le he pedido permiso para salir, pues me encontraba indispuesto. Necesitaba recobrar aliento. A Dios doy gracias por poder oler las flores del almendro que anuncian una incipiente primavera.

—¡Cuán bella es esa escena! La ropa tendida que se seca al aire, libre, sin ritos ni reglas.

—¿Qué es aquello que se escucha en la pradera? Subiré un poco más arriba. Esta rama me sirve de máscara para pasar desapercibido, mas me impide ver bien los detalles del paisaje que me comentáis. Si me vieran los donceles y las doncellas, quizá se espantasen. El viento fresco me trae el sonido de voces femeninas y masculinas, de soprano, mezzosoprano, contralto, tenor, barítono, bajo, de sus risas, que rebosan de alegría y juventud tierna.

—Son personas alegres que juegan en corro porque ya se aproxima la primavera. En mi época ahora está ocurriendo lo mismo que en la vuestra. La gente desea estar fuera y se atreve a salir más, después de casi dos años de encierro y medidas restrictivas por temor al maldito virus.

—Veo mozos y mozas, como decís, en un círculo. Están jugando a *La Gallina Ciega.* ¿Conocéis ese juego? Me recuerda a mis años de niño, antes de vivir en este servilismo y esclavitud, antes de acolitar y de tener la llamada a la vocación sacerdotal. Entonces, jugaba con mis amigos, me reía, me escapaba de mis progenitores para que no me vieran. Sabía que ellos me encontrarían. Ahora, en cambio, huyo de mis labores. No quiero que me vean mis superiores.

—¡Claro, que conozco el juego que decís! Mis padres nos llevaban a mi hermana y a mí al Parque de Oriente, en frente del Palacio Real de Madrid y allí jugábamos niños y niñas. Nos poníamos una venda que nos cubría los ojos. Teníamos que atrapar a alguno o alguna y adivinar quién era. Estáis a tiempo aún de cambiar vuestra visión del mundo y de implantar valores de igualdad.

—En el medio del corro percibo a una bella dama, feliz, con una aureola de luz blanca que irradia un resplandor y aroma dulce en toda la pradera.

—Si la miráis más detenidamente, se nota que le brilla una luz interior. Está contenta. Se esconde una paz en esa doncella.

—Me pregunto si vendrán todos los Días del Señor a la pradera.

—Si de ahora en adelante salís más a menudo y subís a este muro, lo podréis comprobar y quizá, hablar con ellos y ellas. Os aviso que veo a vuestro prior caminando hacia aquí con paso ligero. Atreveos y echadle cara. Decid que necesitáis más tiempo para vos y respirar aire puro que nos brinda Nuestra Madre Naturaleza.

***

—Mariano, ¿dónde os halláis?, ¿seguís indispuesto? Es menester seguir ensayando antes de que comience el culto a Nuestro Señor Misericordioso.

—Sí, mi señor. Esperad un momento. Ahora no he de darle este contento a vos. El ensayo del cántico aún un poco ha de tardar.

—Así me gusta, monaguillo. Me he de ir. Otro día que venga al museo, te buscaré y seguiré conversando contigo. Te hablaré de nuestro tiempo y del lenguaje que empleamos en este siglo. Me puedes tutear. Te siento como si fueras ya mi amigo.

—Hasta dentro de poco, amiga. Gracias por haberte fijado en este monaguillo curioso, con afán de aprender y conocer la vida.

(Cuento basado en *El monaguillo,* Joaquín Sorolla, 1888)

POEMA A GUSTAVO ADOLFO BÉCQUER

Ardiente chispa, una roja rosa,
mariposas que vuelan,
cuando me miras.
Quedan impresos en el tiempo tus versos.
—no son suspiros de aire, son poesía.

(Dedicado a Gustavo Adolfo Bécquer e inspirado en su *Rima XXXVIII*)

Cuando contemplamos momentos bellos y efímeros, que nos evocan felicidad acompañada de nostalgia, esos instantes quedan impresos en nuestra memoria en forma de poema.

BELLEZA EFÍMERA

Soñamos con un mundo de juego y magia.

Las demás se fueron volando, pero tú me esperaste.

They flew away
But you stayed.

Las demás se fueron volando, pero tú me esperaste.

Aún apartada en un rincón, eres la más bella flor.

Una flor junto a una pared en San Rafael.

Ellos nos traen al mundo.
Estamos con ellos
y luego, nos dejan.
¡Qué injusto!

San Rafael. Me acuerdo de mi padre y pienso en mi madre, mayor, mientras paseo, medito y rezo.

RECUERDOS

Juventud tierna,
etapa pasajera,
¡cuántos recuerdos!

A glass blue bubble
memorable pink rose buds
sparkling babble.

Dos hombres pasaron por mi vida,
los dos se llamaron igual.
Los dos me regalaron rojas rosas,
y no las supe apreciar.

Memories, bubbles,
two lovers,
two bunches,
budding rose flowers.

Capullo en unos de los paseos por la Quinta de los Molinos

Hoja amarilla,
cae en el libro que leo,
en el recuerdo.

Autumn yellow leaf.
Drops on the old book I read,
in the memory.

A finales de agosto en la piscina de San Rafael

Mis amigos verdaderos orgullosos de mi libro. Las dos presentaciones en las bibliotecas Príncipe de Asturias y Eugenio Trías fueron un éxito y muy emotivas.

La rosa imita a la fuente y la fuente a la rosa.

Rosa en uno de los paseos por la Quinta de los Molinos

Luna tardía,
de agosto rojo brilla,
que despide al día.

Silver blue, gleam spark,
august ends, September starts,
blue moon, sparkling stars,

La cara de la luna. Los Ángeles de San Rafael. Atardecer.

Termino esta parte de *Bell´s world;* pero antes voy a honrar a aquella pequeña niña risueña pecosa, de pelo rizado, que su madre le hacía un peinado de princesa para que los niños no la tiraran de las coletas. A aquella niña que tenía afán por aprender, investigar, ser científica, maestra y patosa a la vez. No se sentía segura, padecía de alergias y asma, que no supieron tratar. A esa niña gitana, bailarina, alegre, que se inventaba historias con sus amigas invisibles y soñó que algún día sería escritora.

A esa niña, yo, como si fuera mi nieta, la consolaría, la abrazaría y la susurraría al oído, que no se preocupara de si la iban a querer o no, si iba a aprobar o suspender, si sus colegas le iban a poner en un pedestal o la zancadilla, si iba a ser buena profesora o una soporífera, si iba a hablar bien el inglés o se le iba a trabar la lengua, si iba a tener una familia para hacerse compañía o se iban a aburrir con ella.

Lo más importante en la vida es ser feliz contigo misma, querida niña.

PALABRAS A MAMÁ

De mi madre, o como vosotros la conocéis, María del Mar o Mar, ¿qué puedo decir? La conozco de toda la vida, como quien dice, por lo que podría contaros mil cosas del porqué me siento tan orgulloso de presenciar cómo supera los obstáculos y cómo cumple las pequeñas metas que ella se impone, de cómo se lanza a cada nueva aventura con toda la ilusión y fuerza de la que dispone y me sorprende al sobrepasar sus límites; pero creo que la cosa más importante que puedo decir de mi madre es que ojalá de mayor (más mayor) pueda ser la mitad de lo que ella ha conseguido, y de seguir teniendo la mitad de fuerza de voluntad que ella tiene para afrontar la vida. No me imagino una vida sin ella. Sé que se lo pongo difícil en muchas ocasiones o que no demuestro esto, pero tengo la certeza por lo que conozco a mi madre que ella lo sabe. Que sabe lo orgulloso que estoy de ella y de lo mucho que la quiero. Y sé que no debería presuponer tanto y demostrarlo más, lo sé. Por eso quiero parecerme, aunque sea la mitad a mi madre, para poder darle todo lo que merece. Mamá, gracias por ser tú. Eres todo cuanto podría merecer. Te quiero.